Construir una marca con marketing de respuesta directa

En Cápsulas

los secretos del mítico Dan S. Kennedy

INDICE

PREFACIO

Cambiar de opinión sobre la marca

¿Y si te dijera que todo lo que has leído sobre el concepto de marca está equivocado? O mejor dicho, ¿equivocado para ti que tienes un pequeño negocio?

Primero que nada, hay 2 preguntas que debes hacerte si eres un pequeño empresario:

1. ¿Cuál es el objetivo de tu publicidad y marketing?

2. ¿Puedes permitirte alcanzar ese objetivo?

Muchos pequeños empresarios se dejan seducir por el concepto de visibilidad: dar a conocer su nombre, lo que se llama "conciencia de marca" *(brand awareness)*.

Hasta hace unos años esto podía ser suficiente, pero en el mercado hipercompetitivo de hoy y con los costos publicitarios en constante aumento, ¡pagar solo para difundir tu nombre, sin monetizar, podría fácilmente llevarte a la quiebra!

Muchas estrategias de branding que se implementan hoy se toman tal cual de marcas internacionales y bien financiadas. Sin embargo, basarse en estos modelos puede ser muy peligroso si no se tienen los mismos recursos y objetivos.

La verdad es que la mayoría de las startups y pequeños empresarios que quieren crecer y expandirse, no necesitan una identidad de marca o visibilidad, al menos no en esta etapa.

Lo que más necesitan son clientes que paguen para generar ganancias. Antes de la visibilidad y de la imagen piensa en el beneficio; la marca se construirá después, casi automáticamente, mírala como un subproducto del beneficio.

No me malinterpretes, es genial tener la ambición de crear una marca famosa y dinámica, reconocida por todos, pero primero debes pensar en pagar tus facturas.

Por eso, lo primero en lo que debes enfocarte es en lo que puedes hacer ahora con los recursos que tienes. Y esto lleva a la cuestión del público objetivo.

Para cada servicio o producto existe un segmento de clientes ideales que lo adoran o lo usan. Si tu público objetivo son "todos", tienes un gran problema, es muy costoso querer alcanzar a todos si aún nadie te conoce.

Así que, primero trata de analizar tu lista de clientes y entender cuáles son los mejores, es decir, aquellos que compran más frecuentemente y sin demasiados problemas.

Una vez que hayas identificado a tus clientes ideales, podrás crear un mensaje de marketing a medida para ellos y construir tu marca un cliente a la vez.

CAPÍTULO 1

Oportunidad vs realidad

Pedirme que escriba un libro sobre la construcción de una marca es como pedirle a un hereje que guíe a un grupo de fieles. Quienes me conocen saben que soy muy crítico con las costosísimas estrategias de branding e imagen de las grandes multinacionales.

Siempre intento disuadir a los pequeños empresarios de inspirarse en estos gigantes, el peligro de quiebra es real. Cada día hay algún CEO que gasta millones en cambiar el logo, el eslogan, la percepción, etc. Es una locura inflar el valor de la marca a estos niveles.

Ciertamente, existen marcas históricas que todavía hoy son reconocidas, pero no se crearon malgastando dinero en visibilidad y conciencia de marca, sino vendiendo sus productos.

De todos modos, nadie puede garantizarte una marca inmortal.

Hablando de autos, por ejemplo, Rambler y Pontiac eran marcas importantes en su momento. Hoy han desaparecido. Y puedo dar muchos más ejemplos.

Así que no confíes demasiado solo en la marca.

En esencia, decidí escribir este libro porque tengo muchos clientes que, gracias a mis enseñanzas, han logrado construir marcas consolidadas. Este libro es la recopilación de todas esas estrategias y tácticas, sin toda la tontería que nos venden a diario los gurús de las agencias publicitarias. Y eso es lo que lo hace único.

Siempre seré un comercializador de respuesta directa. Esto significa que quiero medir con precisión el retorno de la inversión (ROI) de cada dólar gastado, lo antes posible. Sin ambigüedades ni métricas fantasiosas.

Con esta estrategia se pueden crear grandes marcas reconocidas, es lo que han hecho algunos de mis clientes millonarios como Weight Watchers o Proactiv de Guthy Renker. Incluso mi marca personal multimillonaria se creó a través del marketing de respuesta directa.

En resumen, una marca puede ser importante para los consumidores de diferentes maneras:

- puede ayudar a facilitar la elección en un mercado saturado de opciones;

- puede ser una garantía de experiencia;

- puede hacer que nos sintamos orgullosos de poseerla porque nos pone de moda;

- puede reforzar nuestros valores y responder a nuestras aspiraciones;

- puede satisfacernos a nivel emocional.

En este libro exploraremos todo lo que una marca puede y no puede hacer, y presentaremos estrategias inteligentes para construir la identidad de marca sin inversión directa.

Nunca he gastado un centavo en "conciencia de marca" y, sin embargo, mi marca personal y todas las marcas que he creado gozan de excelente salud, reputación y reconocimiento entre mis clientes. Si te das cuenta, volviendo al tema de la prefación, no dije reconocido por todos, sino solo por mis clientes.

Al final, son ellos los únicos a quienes debo rendir cuentas.

Todas las decisiones que tomes de ahora en adelante deben seguir estos 3 pasos: principios, estrategia y táctica.

1. La importancia de los principios

Sam Walton sabía exactamente cuáles eran los principios de lo que se convertiría en Walmart.

Ray Kroc tenía claros los 3 principios que sustentan McDonald's.

Walt Disney resumió su principio fundamental en su eslogan y en su Propuesta Única de Venta (USP): "El lugar más feliz del mundo".

Mi principio fundamental es decir siempre la verdad, incluso cuando duele.

Las marcas basadas en valores sólidos venden mejor y duran más que aquellas que no los tienen.

2. La estrategia

De los principios se pasa a la estrategia; todos los

ejemplos exitosos han seguido estos pasos. Por simplicidad, pondré ejemplos de mi marca personal:

- he sido selectivo y discriminatorio con mis clientes, sin preocuparme por ofender a alguien;

- me he concentrado en pequeños y medianos empresarios rechazando a las multinacionales;

- nunca he vendido ni permitido que alguien venda algo a mis clientes sin al menos una garantía de 30 días;

- siempre he sido transparente con mis clientes, incluso sobre mi vida privada y opiniones políticas.

Naturalmente, cuando tienes principios, deberías evitar contradecirlos, si no quieres arriesgarte a echarlo todo a perder.

Tomemos el caso de Pierre Cardin: una vez fue considerado una marca de lujo y exclusiva; sin embargo, tras una política de licencias agresiva e indiscriminada, terminó vendiendo en las mismas categorías de productos a precios muy diferentes. Esto destruyó la marca.

Así que ten mucho cuidado al implementar estrategias que contradigan tus valores, podría ser fatal.

3. La táctica

Normalmente, este es el punto por el cual todos

quieren empezar. Publicidad, contenidos, medios...

La tentación es fuerte, a menudo los empresarios están bajo presión y esto los lleva a sacar conclusiones precipitadas y actuar sin la debida consideración. Los dueños de Iron Tribe Fitness (una marca de la que hablaremos más en detalle más adelante) decidieron limitar sus membresías a 300 por gimnasio. En lugar de vender muchas a bajo precio, decidieron vender pocas a un precio elevado y les va de maravilla.

Soy una persona muy pragmática, por eso he escrito un libro muy práctico. A estas alturas, ya habrás entendido que no me gustan las teorías inaplicables o las ideas creativas por sí mismas. Sin embargo, este libro también puede inspirarte a tomar tu negocio y transformarlo en algo significativo para tus clientes, tal como lo hicieron los dueños de Iron Tribe.

Francamente, no creo que haya nada particularmente emocionante en vender y ganar dinero. Obviamente, me gusta tener dinero y ganarlo, pero si todo lo que hago es vender para ganar, pronto pierdo el entusiasmo y la creatividad, imagino que a ti también te pasa.

Del mismo modo, es una mentira terrible afirmar que si te limitas a construir relaciones significativas, el dinero vendrá automáticamente, no es así.

Hay que ser capaz de reconciliar estos dos aspectos al mismo tiempo. Siempre.

Un consejo: no te sabotees con la típica frase "...pero mi negocio es diferente".

En esta etapa, nadie es diferente. Todos los negocios,

para funcionar bien, necesitan atraer y motivar a sus clientes y todos los negocios exitosos se basan en convertir una parte de estos clientes en verdaderos fanáticos de la marca (brand evangelist/advocate).

Por lo tanto, las lecciones que aprenderemos a través de la experiencia de Iron Tribe se pueden aplicar a cualquier tipo de negocio.

¡Mantén la mente abierta!

CAPÍTULO 2

La experiencia de los propietarios de Iron Tribe Fitness

Antes de crear una marca

Sabíamos desde el principio que queríamos una marca reconocida a nivel nacional, sin embargo, no empezamos vendiendo nuestra marca. Empezamos vendiendo suscripciones.

La mayoría de las pequeñas empresas hacen lo contrario, todos quieren una gran marca, pero no quieren hacer lo necesario para conseguirla.

En lugar de comenzar con el marketing de respuesta directa, actúan como si ya fueran una gran marca, desperdiciando espacio en sus anuncios con logos gigantes y eslóganes "creativos" que no explican por qué alguien debería comprarles. Inevitablemente, estos anuncios son ignorados.

Esto sucede, lamentablemente, porque hay una tendencia a copiarse unos a otros sin hacerse demasiadas preguntas.

Contrariamente a lo que se piensa, no es suficiente

con llamar a un diseñador gráfico para que haga un buen logo y bonitos folletos.

El marketing es la ciencia de llevar el mensaje correcto a tu público objetivo, significa probar diferentes mensajes y medios y rastrear los datos de manera detallada. Estas pruebas son lo único que cuenta en la creación de un plan de marketing exitoso. No importa lo que te guste a ti, sino lo que convence al cliente a comprar y confiar en ti.

Solo así tu marca puede crecer.

El descubrimiento del direct response

Antes era simplemente un aficionado al fitness, luego me convertí en un profesional que hacía muy bien su trabajo en el gimnasio. No sabía nada sobre cómo adquirir los clientes adecuados para mí y rápidamente entendí que mis hermosos anuncios brillantes no funcionaban.

En ese momento de mi vida vi un anuncio diferente a los demás, hablaba de cómo mejorar el marketing de un gimnasio, era justo lo que yo, siendo entrenador personal, necesitaba. Pedí mi reporte gratuito titulado "Cómo obtener más clientes en los próximos 90 días que en todo el año, sin networking, referencias o venta agresiva".

Al leer el reporte, parecía que estaba hablando directamente conmigo. ¡Acababa de gastar miles de dólares en una campaña de "conciencia de marca" que no había generado ni un solo cliente!

Estaba harto y sentía que debía haber una mejor

manera. Los principios contenidos en ese reporte fueron mi primer contacto con los fundamentos del marketing de respuesta directa. Entonces, decidí pedir ayuda al autor del reporte, quien creó mi primera campaña de marketing directo, una serie de 3 cartas para enviar a las casas de mi público objetivo.

Los resultados fueron increíbles: el teléfono comenzó a sonar como nunca y los clientes ya estaban informados de los detalles principales porque la carta estaba tan bien escrita que hacía el trabajo sucio por mí. ¡En un solo mes, con 1000 cartas enviadas, obtuve 41 clientes con un valor promedio de 2500$ por contrato! Fue el mejor mes en 6 años de carrera como entrenador personal.

La campaña continuó funcionando durante los siguientes 3 años, sin ninguna modificación, durante los cuales abrí otras sedes y crecí enormemente.

Luego, la campaña dejó de funcionar y me enfrenté con otra enseñanza de Dan Kennedy, el peligro de tener una sola arma: un mensaje, una campaña o un solo medio de comunicación.

Aquí comienza mi verdadero viaje al descubrimiento del direct response, tenía que descubrir por qué esa campaña había funcionado y cómo crear otras. Descubrí a Dan Kennedy y comencé a leer sus libros, su boletín informativo y a asistir a sus reuniones.

En un momento dado, me sentí listo para comenzar de cero con un proyecto más ambicioso (Iron Tribe) vendiendo todo mi negocio anterior y estableciendo desde el principio una operación de franquicia centrada en el direct response.

Aunque estaba en la fase de inicio, sabía que lo único a lo que no podía renunciar era a un redactor publicitario especializado en marketing de respuesta directa.

Crear una marca vendiendo

La nueva empresa que estábamos construyendo comenzó en el garaje de uno de nosotros, al estilo de Fight Club. En realidad, para ser parte de ella tenías que ser nuestro amigo, pero luego, con el tiempo, nos dimos cuenta de que se creaba un buen espíritu de grupo que ayudaba a todos a mejorar y estábamos decididos a replicar esta sensación de comunidad en una franquicia.

De ahí el nombre "Iron Tribe Fitness", que, además de proporcionar un sentido de comunidad, refleja también la exclusividad de nuestro programa.

El problema que teníamos en ese punto era que muchas personas no creían que pudieran realizar estos intensos ejercicios en grupo. Necesitábamos 2 cosas:

1. la llamada "prueba social", es decir, casos de éxito de otras personas comunes.

2. otra oferta adecuada para todos aquellos que estaban interesados pero aún demasiado intimidados para aceptar la inscripción.

Para satisfacer el primer punto, decidimos crear un anuncio con fotos reales de nuestros clientes (antes y después). Luego, para animar a los tímidos y a los indecisos, proporcionamos un informe gratuito que enumeraba todos los beneficios del programa y las historias de éxito de los participantes. El título del informe era "Por qué todas estas personas frustradas han cancelado su suscripción al gimnasio y se han inscrito en Iron Tribe... y por qué tú también podrías querer hacerlo".

En este punto, necesitábamos urgencia para convencer a la mayor cantidad de personas posible a inscribirse. Fue entonces cuando decidimos ofrecer una experiencia premium a un máximo de 300 personas por gimnasio.

Una vez alcanzado el número, los clientes serían puestos en una lista de espera y lo comunicábamos en todas nuestras comunicaciones o anuncios, actualizando constantemente el número de plazas disponibles en las distintas sedes.

La respuesta a estos anuncios fue increíble, vendíamos 40-50 suscripciones al mes al doble del precio de nuestros competidores.

Para atraer a las mujeres mayores de 40 años, creamos un anuncio con la esposa de Forrest (uno de los dos propietarios), madre de 4 niños, una mujer muy normal. Fue uno de los anuncios más exitosos porque creaba empatía en el público y disminuía el escepticismo hacia el programa.

Algunos de nuestros anuncios podrían ser criticados por su tono desafiante hacia los lectores y alguien podría decir que asustan a los clientes, alejándolos. Pero recuerda siempre que donde alguien huye, ¡otro se siente atraído! Este es el secreto del marketing magnético, atrae a algunos y repele a otros.

Hagas lo que hagas, nunca descuides la venta.

Estábamos ansiosos por construir la marca, pero primero teníamos que llenar esos 300 lugares en todos nuestros gimnasios, lo más rápido posible.

Sé paciente con la construcción de la marca pero siempre ten urgencia de vender.

Las críticas llegarán

Nuestras campañas iban muy bien, produciendo un ROI del 200% al 400% cada mes.

Con el aumento del éxito, aumentaron las críticas de familiares, inversores y clientes. Percibían nuestra publicidad como poco profesional y fea. La paradoja es que ellos mismos habían sido atraídos y "convertidos" por esos mismos anuncios que denigraban.

Como dice a menudo Dan Kennedy: ¡los clientes mienten!

A pesar de que los números nos daban la razón, al mismo tiempo queríamos que nuestros clientes se sintieran orgullosos de nuestra publicidad. Fue entonces cuando decidimos combinar el direct response con una estrategia de branding que fuera más del agrado de nuestros clientes. Sabíamos que no sería fácil, por eso decidimos recurrir a una agencia publicitaria externa, equivocándonos, pero aprendimos de nuestros errores.

Puedes estar seguro de que, si tienes éxito, llegarán las críticas. Escucha a todos de manera objetiva y da prioridad a tus clientes. Al final, sin embargo, debes ser tú quien decida.

Las desventuras con las agencias

Uno de los principios fundamentales del pensamiento de Dan Kennedy es este: las agencias de publicidad no entienden (y no quieren entender) nada sobre marketing de respuesta directa.

Por eso, no nos sorprendió que él estuviera en contra de nuestra decisión de recurrir a una agencia externa. "¡No muerdas la mano que te alimenta!" nos dijo entonces, enfatizando lo vital que es no dejar de controlar nunca las estrategias de direct response que nos llevaron al éxito.

No quisimos escucharlo, nos tentaba la idea de delegar todo el marketing a una agencia externa, para poder concentrarnos en otros aspectos que en ese momento nos parecían más importantes, como la configuración de nuevas sedes en franquicia.

Lo que aprendimos es que nada de eso importa si pierdes el control de tu marketing y, por tanto, de tu marca.

Y eso es exactamente lo que hicimos nosotros, equivocándonos.

En los seis meses que pasamos con las agencias, escuchamos de todo: críticas sobre el diseño inexistente, críticas sobre la longitud del copy (demasiado largo según ellos), algunos incluso no entendían la razón de nuestro éxito y se echaban atrás sin saber cómo ayudarnos.

Al final elegimos una agencia que pensamos podría aprender lo bueno de nuestro marketing, añadiendo un poco más de "estilo".

A pesar de que intentamos involucrarlos proporcionándoles todos los libros de Dan Kennedy, parecían reacios a toda esa información y seguían haciendo las cosas a su manera. Nuestro intento fracasó estrepitosamente.

El comentario de Dan Kennedy:

1. Hay 2 cosas que nunca se deben delegar completamente: la gestión financiera y el marketing. Es mucho más fácil delegar los roles técnicos y operativos, no los estratégicos. Recuerda siempre que dos personas no pueden montar lado a lado en el mismo caballo. Solo hay una persona que sostiene las riendas y esa persona debes ser tú.

2. Cuando recurres a profesionales externos para la publicidad y el marketing, asegúrate de que conozcan el marketing de respuesta directa. El mundo del marketing está lleno de teóricos y técnicos que no saben nada de ventas y no tienen resultados concretos que mostrar. No confundas a los obreros con los arquitectos.

3. No subestimes tu conocimiento del sector en el que operas. Es tan erróneo ser arrogante como dejarse intimidar por palabras grandilocuentes y premios publicitarios. Si tienes dudas mientras te enfrentas a las críticas de un experto, hazle estas preguntas:

1) ¿por qué crees que debería pensar diferente? 2) ¿qué datos tienes para respaldar tu posición? Los hechos son importantes y también son mucho más raros que las opiniones o las críticas. Déjate convencer por los hechos.

Nuestra fórmula ganadora

Al final, después de 9 meses de pruebas fallidas con la agencia, volvimos a la autonomía.

Lo que surgió fue una mezcla que se puede resumir así: adquiere clientes con marketing de respuesta directa, pero hazlos entusiastas y orgullosos con la marca.

Primero partimos de los datos que teníamos. El retorno inicial que teníamos usando el marketing directo puro era este: cada cliente nos traía 1.3 referencias y renovaba la suscripción al menos una vez. Lo que esperábamos con un enfoque más centrado en la marca era aumentar las referencias, aumentando el orgullo de los miembros.

Esto nos lleva al tema central del direct marketing: el front end y el back end.

El front end es todo lo que conduce a la primera transacción, es decir, a la adquisición del cliente.

El back end es todo lo que sucede después, la relación que dura en el tiempo y conduce a compras repetidas.

El ROI del front end tiene que ver con el costo de adquisición a través del marketing y la publicidad, y el retorno que se obtiene de los dólares invertidos en estas actividades.

El ROI del back end es más complicado, debe calcular: retención, frecuencia de compra, renovaciones, ascensión y referencias.

Nuestro objetivo era construir actividades centradas en la marca para aumentar las referencias, pero lo importante era no bajar del dato inicial (1.3).

Comenzamos con la renovación de nuestro boletín informativo, haciéndolo más moderno y lleno de contenido interesante, incluyendo más a nuestros atletas y destacando todos los eventos en nuestros gimnasios.

Luego, Jim (uno de los propietarios) decidió aprovechar y potenciar su experiencia previa como camarógrafo y creamos TribeVibeTV, un programa semanal en Youtube.

Finalmente entendimos que nunca se puede gastar demasiado en marketing (por eso los resultados deben ser medibles y positivos) y que hay que intentar estar presentes en tantos medios como sea posible (¿recuerdas el error inicial de tener solo un arma?).

Ahora puedes escucharnos en la radio, vernos en un cartel, en el periódico y, cuando crees que has terminado, quizás un amigo te diga: "¿Sabes que he descubierto un programa de entrenamiento fantástico? Se llama Iron Tribe!" y te muestra un video o nuestra revista.

Así que, en cuanto a los medios, idealmente deberías

poseer una buena parte de ellos o al menos tener control sobre los fundamentales.

Para nosotros, los más importantes son el sitio web y la app. Los hemos hecho indispensables para nuestros clientes porque es allí donde tienen que ir cada día para saber cuál será el entrenamiento de mañana. Aquí también encuentran los datos de su progreso, objetivos, dieta y pueden comunicarse con los entrenadores y otros atletas y seguir las noticias de nuestros eventos.

Esto ha provocado una cohesión y un sentido de comunidad aún más fuerte que antes.

El comentario de Dan Kennedy: debes presentarte de manera diferente según el nivel de conciencia del cliente (concepto explicado muy bien en Breakthrough Advertising de Schwartz). Si el marketing de front end debe basarse en promesas específicas, ofertas y urgencia, el marketing de back end debería girar en torno a la prueba social, la comunidad y las personas detrás de escena. El error más común es tratar de usar el marketing de back end para adquirir clientes, de hecho, esto lleva a muchos negocios y marcas principiantes a ser bien percibidos pero incapaces de monetizar.

El comentario de Dan Kennedy sobre TribeVibeTV: las visualizaciones de sus videos van de 300 a 500 en promedio. ¿Te parece poco? Te equivocas. El éxito del direct response se debe a la elección del target. Casi nunca se dirige a las masas. Este híbrido que han logrado crear entre direct response y marca ha sido realmente un gran golpe. También son capaces de dirigirse eficazmente a una audiencia secundaria, es decir, aquellos que quieren abrir su propia sede en franquicia.

El franchising y la economía de escala

Si inviertes 4000$ al mes en el marketing de cada gimnasio y abres uno nuevo cada 9 meses, sabes que cada año añadirás 4000$ a tu presupuesto mensual.

Gracias a esto, somos capaces de crear un sistema fácil de seguir para todos nuestros franquiciados, planificando las inversiones ya 2 meses antes de la apertura. La primera fase será obviamente toda centrada en el direct response. Tan pronto como las suscripciones crezcan, se podrá pasar a la segunda fase centrada en la marca, aumentando las referencias y la retención.

Nuestra filosofía se basa en el "haz como hacemos nosotros", no en el "haz como te digo". Una de las cosas más frustrantes es ver a esos consultores que enseñan a hacer cosas que ellos mismos nunca han probado, empujando a gastar dinero que nadie sabe si volverá bajo forma de ganancia.

La evolución de la marca

El siguiente experimento tiene que ver con el eslogan. Algo que pudiera acompañar nuestra prueba social y todo nuestro marketing. Exactamente como el "Just do it" de Nike.

Para alcanzar este objetivo, nos centramos en el concepto de Dan Kennedy que exige separar el negocio real de lo que él llama "deliverables", es decir, los productos y servicios que ofrecemos.

Por ejemplo, Starbucks vende café a un precio mucho más alto que sus competidores. Su verdadero negocio es el lugar, la experiencia; el café es solo el medio a través del cual disfrutar de esa experiencia. El café es el "deliverable". Este es el secreto detrás de la mayoría de las grandes marcas.

Analizando los comentarios de nuestros clientes, notamos una palabra recurrente: transformación.

Para dar el salto de calidad con nuestra marca, decidimos que los gimnasios, las clases y los ejercicios eran todos "deliverables". ¡Nuestro verdadero negocio en el que operábamos era la transformación!

Con transformación no solo nos referimos a la física, de hecho, muchos de nuestros clientes nos han contado que toda su vida ha sufrido una transformación en varios niveles. De ahí el eslogan "LIFE. Changed."

Entonces empezamos a incorporar en nuestros anuncios estas historias de cambio reales. Los resultados no influyeron mucho en la adquisición de nuevos clientes, pero hicieron que nuestros clientes actuales se sintieran mucho más orgullosos (luego veremos cómo influye indirectamente en la generación de leads).

Nos dimos cuenta de lo importante que era tener cuidado de no dejar escapar este uso de la marca, que puede ser costoso y difícil de monetizar. Por eso, pusimos reglas estrictas a todos nuestros franquiciados:

1. Primero hay que alcanzar el número máximo de suscripciones (con el marketing directo) y construir historias de éxito. Antes de pensar en comercializar la marca, debes tener ya una base sólida de clientes, la marca debe ganar respeto en el campo;

2. Hay que ser conscientes de que no se puede esperar el ROI del direct response (que fácilmente puede llegar al 300%). Con los mensajes de marca hay que conformarse con romper incluso (ROI del 100%). No puedes hacer branding para adquirir directamente nuevas suscripciones.

Branding y Lead Generation

Nos dimos cuenta de que los mejores clientes eran los que venían de referencias. Por lo tanto, decidimos aceptar un ROI inferior con anuncios centrados en la marca, invirtiendo en marketing de referencias.

El orgullo por las nubes de nuestros clientes (gracias al branding) fue un arma poderosísima para aumentar las referencias.

Aquí nos dimos cuenta de que nuestros "evangelistas" no tenían una "Biblia" para mostrar a sus amigos y familiares.

Así que empezamos a imprimir las historias "LIFE.Changed.", distribuyéndolas a nuestros clientes. Esto facilitó la participación en nuestros eventos de entrenamiento "Trae un amigo".

Dan Kennedy nos sugirió recompensar a los clientes que trajeran amigos, independientemente del éxito o fracaso de la adquisición. Como premio era necesario ofrecer algo fuera de la marca, nosotros optamos por experiencias VIP (cenas o vales en tiendas favoritas).

Pronto pasamos a proporcionar a los clientes paquetes reales llenos de material de marca, diseñados específicamente para fomentar las referencias (revistas, pegatinas, shakers, camisetas, accesorios, etc.).

Más rápidos que los imitadores

Ninguna marca puede permitirse quedarse quieta. Lo entendimos desde el principio, nunca puedes sentirte satisfecho. La construcción de la marca nunca termina, es un proceso continuo.

Muchas marcas se vuelven perezosas, son copiadas, se convierten en una "commodity" (el clásico una vale lo mismo que otra) y luego desaparecen.

Incluso una marca centenaria como Kodak cayó en esta trampa; pasó de estar presente en todos los hogares a desaparecer completamente de la circulación.

La diferencia entre una commodity y una experiencia interactiva es la innovación. La innovación es también la única arma para no ser copiado.

La mayor innovación en la que estamos trabajando es una campaña B2B para vender suscripciones de grupo en empresas, apuntando a empleados que temen los costos de salud provocados por un estilo de vida sedentario.

En resumen, seguimos preguntándonos todos los días: "¿cómo podemos llenar esos 300 lugares aún más rápido?".

El día que dejemos de hacerlo probablemente terminaremos como Kodak.

CAPÍTULO 3

Una marca sin marketing

Me llamo Steve Adams y esta es mi historia. En julio de 1996, después de invertir 10 años estudiando negocios y con una carrera bien encaminada en banca, finalmente me encuentro poseyendo mi propio negocio.

Mirando atrás a ese período, ahora me parece claro que había sobrevalorado la identidad de marca (logo, eslogan, etc.), en mi caso comprada en forma de franquicia. Todo esto es un activo, pero nada puede reemplazar al marketing.

Mi primer desafío fueron las ventas insuficientes, iy yo pensaba que bastaba ser parte de una franquicia conocida para vender!

Entonces empecé a gastar muchísimo en publicidad de varios tipos: TV, radio, periódicos, eventos. El problema es que no tenía idea de dónde provenían los clientes, si de la publicidad, del boca a boca o de casualidad. La situación financiera no era la mejor y no sabía qué gasto recortar. Ninguno de los publicistas a los que recurrí podía darme respuestas. Seguía pagando, pero lo único que crecía era mi frustración.

En 2001 inicié otro negocio, una cadena de tiendas de productos para animales, una marca desconocida. Aquí también, los mismos problemas, que me llevaron a tener que cerrar 2 sedes un par de años después. No entendía por qué, a pesar de que había muchísimos dueños de perros en Texas, simplemente nadie nos conocía o confiaba en nosotros.

La importancia de la USP

En ese punto tomé una decisión radical cortando todas las inversiones publicitarias y decidí enfocarme en mi USP (Unique Selling Proposition, Propuesta Única de Venta).

Cuando tienes una propuesta demasiado genérica, termina sucediendo que los clientes no tienen una razón válida para elegirte en medio del mar de propuestas alternativas. Este también era nuestro problema.

Comenzamos a analizar a los competidores tratando de entender qué podríamos ofrecer de diferente y mejor.

Finalmente, nos centramos en:

1. Personal especializado;

2. Calidad de las interacciones entre el personal y los clientes;

3. Enfoque en alimentos orgánicos y naturales.

En los años siguientes crecimos constantemente a un ritmo del 6-8%. Comenzamos a ofrecer servicios de adiestramiento de animales. El boca a boca estaba funcionando gracias a la experiencia superior dentro de la tienda. Finalmente nos estábamos diferenciando de esas tiendas donde los empleados (ignorantes) nunca saben dar consejos útiles.

Continuamos creciendo y abriendo nuevas sedes hasta 2008 con cero inversión publicitaria.

Pero la idea genial llegó después de un famoso retiro de alimentos contaminados, que afortunadamente no nos afectó. Una de nuestras clientas, periodista de Dallas Fox News, entrevistó a uno de nuestros gerentes que dio consejos para evitar problemas de salud debido a alimentos contaminados. Inmediatamente, las ventas aumentaron un 10% en nuestras 2 tiendas en Texas.

Fue en ese momento que tuve la idea: nos convertiríamos en los máximos expertos en nutrición animal. Ahora, en nuestras tiendas, tenemos más de 100 nutricionistas certificados por la facultad de veterinaria de Michigan.

El marketing de respuesta directa

Luego, en 2010, las ganancias se desplomaron en las 10 tiendas. Entendí que esta vez tenía que aprender marketing de verdad, no quería ser de nuevo víctima de una mala publicidad.

Comencé a estudiar y descubrí a Dan Kennedy y el direct response.

Mi primera carta de ventas me trajo más de 200 clientes de 4000 cartas enviadas. En cuanto a la primera postal para reactivar a mis antiguos clientes,

¡tuve un 70% de respuesta!

Era claro que ahora tenía que comenzar a rastrear todos los datos y resultados, solo así podría evitar los errores del pasado. Contraté a un redactor publicitario recomendado por Dan Kennedy y comencé a trabajar seriamente en mis objetivos:

1. Adquirir nuevos clientes;

2. Mantener los antiguos;

3. Aumentar la frecuencia y el gasto;

4. Reactivar a los clientes perdidos.

La lista de clientes

Teníamos más de 350.000 clientes en la base de datos y no estábamos haciendo nada para hacerlos volver. En el comercio minorista, a menudo sucede que los clientes compran en varias tiendas también en función de las ofertas. Estábamos decididos a escapar de la trampa de la commodity y lo hicimos creando un programa de certificación nutricional. Es una especie de curso en línea para educar a nuestros clientes sobre nutrición animal, ya que nos habíamos posicionado como expertos en ese campo.

Junto con el entrenamiento, también implementamos promociones, estructuradas así:

1. Nuestros mejores 500 clientes (por tienda) reciben un boletín impreso de 8 páginas;

2. Postales en períodos de vacaciones con un 10% de descuento a los mejores clientes,

segmento "A" (la última generó un 417% de ROI);

3. Cada 4 meses enviamos un upsell tratando de educar al cliente que compra, por ejemplo, croquetas pero no productos de higiene dental, etc;

4. Una carta anual de agradecimiento por la fidelidad con un 20% de descuento;

5. Incentivos para pasar del segmento "B" al segmento "A", es decir, los mejores clientes;

6. Postal con descuento por el cumplcaños de la mascota.

El back end

Uno de los principios fundamentales del marketing directo que enseña Dan Kennedy es el llamado back end, es decir, las ventas recurrentes posteriores a la primera transacción.

Construir un sistema de back end eficiente es fundamental para la solidez de la empresa y nos permite invertir más en la adquisición de nuevos clientes. El nuestro está actualmente en evolución, en este momento tenemos:

1. Una suscripción que proporciona contenidos exclusivos para educar a los propietarios a cuidar de su mascota, con entrevistas a expertos, etc.;

2. Audio y video "how to" que explican cómo cepillar los dientes, cómo cortar las uñas,

cómo tratar ciertos problemas de pelo, etc.
Por cada contenido recomendamos productos
para lograr el resultado deseado;

3. Pedidos automáticos que se renuevan sin
   tener que volver a ponerlos en el carrito cada
   vez y arriesgarse a quedarse sin.

Al tener un back end tan potente, ahora ya no tengo
miedo de la competencia o de Amazon. Mi servicio ya
no es una commodity y nuestra situación financiera
está mejorando constantemente. Mi empresa ya no
puede ser fácilmente copiada o derrotada por
cualquiera.

Gracias al direct response, en solo 30 meses pasamos
de 10 a 21 tiendas. Los ingresos aumentaron un 85% y
los empleados pasaron de 150 a más de 400.

Si tú también tienes una tienda minorista, mi consejo
es encontrar tu razón de existir. ¿Por qué un cliente
debería elegirte a ti?

Primero conviértete en un experto reconocido en tu
campo. Luego, contrata a las personas adecuadas,
crea una cultura empresarial y un servicio al cliente
excelente, que reciba al cliente siempre de la misma
manera. Finalmente, establece un sistema de
marketing para hacer saber a todos lo que haces y por
qué lo haces mejor que los demás. Recuerda, sigue
invirtiendo en la ejecución del plan cada mes.

El comentario de Dan Kennedy: ¿Ves cuántas cosas
ha hecho Steve? No solo para adquirir nuevos

clientes, sino también para mantenerlos interesados y felices, maximizando las ganancias.

Tener un sistema tan complejo es mucho más importante que tener una marca famosa o una idea genial. Si te sientes abrumado por todo esto, considera que él lo construyó durante una serie de años, estudiando y buscando ayuda de profesionales competentes. Además, creó un sistema basado en ofertas "evergreen" que, una vez establecidas, prácticamente funcionan por sí solas.

Esta es la diferencia entre construir algo sólido y hacer algo al azar esperando que funcione.

CAPÍTULO 4

Un comercializador bajo una gran marca

Me llamo Bill Gough y he pasado gran parte de mi carrera con una ventaja que muchos empresarios me envidian: una gran marca de seguros reconocida a nivel nacional, Allstate.

Mi pequeño negocio local opera bajo el paraguas de esta marca, publicitada en todos los medios nacionales, todos los días.

Sin embargo, después de muchos años de carrera, he comprendido que mi mayor activo no es la marca, sino las relaciones con mis clientes.

Comencé a trabajar para Allstate como empleado a los 23 años, atraído por su fama, y fue aquí donde comencé a tratar con publicistas. Todo lo que hacían era la típica publicidad de marca, bonita de ver pero inútil para las ventas.

En ese período, era uno de los mejores agentes gracias a las enseñanzas de mi mentora, que todavía uso: escribo mis objetivos, el plan de acción para alcanzarlos y luego comienzo a implementar las acciones más inmediatas para lograrlos, manteniéndome siempre flexible a los cambios.

Después de un mal periodo personal, que afectó negativamente a mi trabajo, empecé a frecuentar a los mejores agentes y a hacer networking, tratando de imitar lo más posible las estrategias ganadoras de otros. De esta manera, incluso superé mis resultados anteriores.

Autonomía y respuesta directa

Cuando me convertí en un afiliado independiente (todavía para Allstate), sabía que necesitaba una mejor estrategia, el networking y la publicidad centrada en la marca, por sí solos, no podían ayudarme.

Fue en este período cuando descubrí a Dan Kennedy y sus estrategias de marketing de respuesta directa, perfectas para pequeños negocios como el mío. Los resultados fueron inmediatos, pero nunca tenía tiempo para la familia, siempre estaba trabajando.

En ese momento decidí establecer un sistema mejor, gracias al marketing de respuesta directa, que me permitiera adquirir y fidelizar clientes de manera casi automática. Comencé a delegar más, responsabilizando a mis gerentes, cada uno con su especialización bien definida.

Finalmente, pude trabajar menos y mejor, concentrándome en las actividades en las que era indispensable y delegando el resto. Después de 20 años de carrera, por exitosa que fuera, nada podía compararse con lo que había logrado en los últimos 2 años.

Las referencias

Antes mis referencias, en porcentaje, ascendían al 2-3% de todos los nuevos clientes.

En el primer año de aplicación de la respuesta directa, pasaron al 17%, el año siguiente al 23%. ¡Actualmente estamos en el 34%!

Además de ofrecer regalos (independientemente de las ventas) a todos aquellos que nos referían clientes, también añadimos una lotería mensual para hacer el programa aún más atractivo.

Estas son algunas de nuestras estrategias:

1. Folletos que explican nuestro programa distribuidos a todos, incluidos en cada carta de comunicación y presentes en cada mesa de la oficina;

2. Una página entera dedicada en nuestra newsletter mensual con una foto del ganador del mes;

3. Email semanal a nuestros corredores;

4. Email mensual a los clientes con fotos de los ganadores y detalles para participar;

5. Enlace de afiliado personal para cada cliente proporcionado por email;

6. Agradecimientos personales escritos a mano a los afiliados justo después de la referencia.

<u>Comentario de Dan Kennedy:</u> Es importante entender que una marca como Allstate nunca habría hecho un programa de referencias tan personal y original. El hecho de que sea la agencia de Bill quien lo haga, lo hace mucho más efectivo. ¿Ves cuántas estrategias está utilizando? La mayoría de los negocios se limitarían a anunciarlo una vez, quizás poniendo un cartel y luego se preguntarían por qué no funciona. El principio fundamental es que todo debe promocionarse de manera agresiva: la marca, el producto, los servicios y los programas de referencias.

La newsletter mensual impresa

Dan Kennedy siempre dice que la newsletter impresa mensual es la herramienta más importante para los pequeños empresarios para construir relaciones significativas con los clientes.

La newsletter por email es económica, cierto, pero es más difícil que una persona consuma toda esa información a través de un solo email. Además, es más fácil ignorarla en comparación con una revista que llega a tu casa.

No recomiendo dejar pasar más de un mes entre una newsletter y la siguiente, la gente se olvidará de ti. Le pasó a un amigo mío: después de probar una newsletter trimestral, volvió rápidamente a la mensual porque sus referencias habían caído y muchos clientes se quejaban de su ausencia.

Intenta siempre darle un toque personal a la

newsletter, en mi caso, una vez puse en portada una foto de mi esposa e hija, involucradas en un leve accidente, con la puerta del coche dañada. Capté la atención con una foto real para luego aconsejar las 5 cosas que hacer si estás involucrado en un accidente.

Sin esa foto, habría sido una de las miles de informaciones genéricas que cualquiera puede encontrar en Google, aburrida e impersonal.

El libro

Si la newsletter es lo que crea la relación, el libro es lo que te posiciona mucho más alto en comparación con la competencia.

He escrito dos, cada uno con un propósito y un público objetivo específicos.

El primero estaba dirigido a animar a los pequeños empresarios de mi área a participar en mi programa de referencias. Lo regalé a todos los clientes potenciales ideales: concesionarios, corredores, vendedores de barcos, etc.

El otro fue escrito para todos aquellos que puedan necesitar un seguro de varios tipos, proporcionando información útil y consejos.

Consideraciones finales

Combinar una marca nacional con las necesidades de una pequeña agencia local no siempre ha sido fácil. ¡Pero definitivamente vale la pena!

Nunca podría haber alcanzado este éxito simplemente apoyándome en la notoriedad de la marca Allstate.

Sin el marketing directo y sin el desarrollo de mi marca personal, hoy no tendría ni una fracción de los resultados actuales.

CAPÍTULO 5

Aprovechando los medios

Para construir una marca exitosa necesitas 3 cosas: una buena combinación de medios, marketing y relaciones públicas (PR). Si falta incluso uno de estos 3 elementos, estás en una situación frágil.

Medios directos y masivos

Muchos empresarios y profesionales crean sus propios medios para contar su historia. Puede ser un libro, un sitio web, una newsletter. Estos se llaman medios directos o propios porque puedes controlarlos.

Luego están los medios masivos: TV, periódicos, radio. Dado que estos medios son más autoritarios, ya que no los puedes controlar, son más confiables y tienen el poder de aumentar tu autoridad, mucho más que un medio directo.

El uso correcto de las relaciones públicas

Supongamos que tienes tanto éxito que logras ser entrevistado en TV. La mayoría de las personas te verá durante esos 5 minutos y luego se olvidará de ti... a menos que tengas una estrategia de PR en acción.

Hay 2 tipos de PR:

- Antes del evento: crea curiosidad en la audiencia, difunde anticipaciones y pequeñas pistas a través de conferencias de prensa, comunicados, artículos, etc.

- Después del evento: continúa hablando del tema tratado en el evento, comunica lo que sucedió, libera pequeños extractos de audio/video que mantienen la discusión viva.

Esto es un trabajo que requiere el apoyo de agencias especializadas en PR pero, generalmente, a menos que tengas una historia muy interesante, difícilmente irán más allá de la primera conferencia de prensa.

El marketing

El marketing es la forma en que promocionas tus productos o servicios para obtener una ganancia.

El aspecto fundamental aquí es elegir bien el objetivo. Siempre es mejor enfocarse en un grupo no demasiado amplio y que tenga más probabilidades de estar interesado en lo que ofrecemos. Especialmente al principio, de lo contrario, corremos el riesgo de agotar el presupuesto publicitario antes de poder vender algo.

También es más fácil tener una marca reconocida en un entorno reducido que en un mercado muy amplio, especialmente si eres relevante para un grupo específico de personas.

Un enfoque integrado

Si examinas la estructura de la narración, te darás cuenta de que las historias no funcionan sin una configuración.

Si no comprendes los hechos esenciales de la historia, su configuración y los personajes, nada tendrá sentido.

Imagina las ventas de tu negocio como el final de tu historia. Si no has preparado adecuadamente a la audiencia, proporcionando la configuración adecuada, será difícil cerrar negocios. Si no confían y no te conocen, difícilmente comprarán.

Esta es la razón del éxito de las famosas cadenas de restaurantes o de venta al detalle. Su configuración ya ha sido proporcionada por su agresivo marketing masivo. Todos saben qué esperar de McDonald's.

Tú, que no tienes la suerte de ser tan reconocido por todos, debes trabajar en los 3 elementos fundamentales, combinándolos.

Fusionar medios masivos y medios directos

Como mencionamos al principio del capítulo, los medios directos (propios) tienen poca credibilidad. Sin embargo, hay al menos 2 formas en las que puedes tomar prestada la autoridad de los medios masivos, transfiriéndola a los medios directos:

1. Testimonios, reseñas y cualquier certificación de terceros para incluir en tu sitio web, libro, newsletter, etc.

2. Sección "en las noticias": seguramente has visto en algún sitio web esta sección con todos los logos de famosos periódicos y canales de TV.

CAPÍTULO 6

La importancia de la historia

El director de marketing de la cadena Subway tenía un problema. Sabía que su comida era más saludable que otros fast food, pero temía aburrir a los clientes simplemente afirmando una serie de datos fríos e impersonales.

Luego, la sede de Chicago descubrió que uno de sus clientes había logrado perder más de 100 kg comiendo solo sándwiches de Subway y, después de discutirlo con los abogados, la empresa decidió publicitar el hecho.

El 1 de enero de 2000, Jared Fogle apareció con su historia por primera vez en un anuncio de Subway e inmediatamente fue invitado como huésped en el programa de Oprah. Fue una campaña extremadamente exitosa.

En los 10 años siguientes, las ventas de Subway se duplicaron y Jared se convirtió en una pequeña celebridad.

Cada vez que la empresa intentaba dejarlo de lado, sus ventas disminuían.

La razón es muy simple; a las personas les atraen otras personas y se identifican con las historias de los demás.

Dependemos de las historias

¿Por qué nos encantan las historias? Hay una respuesta científica y se llama "hormona del amor", asociada al apego romántico, los vínculos humanos e incluso el sexo.

Simplemente, nos identificamos con los personajes de las historias y experimentamos sus mismas sensaciones mientras leemos, vemos o escuchamos su historia.

Por eso la historia de Jared no podía ser reemplazada por una serie de datos fríos e impersonales.

Los 4 elementos clave de una historia

1. Sencillez. Estamos constantemente bombardeados de información, por lo que para que una historia se quede grabada debe basarse en la sencillez: "Un hombre come solo sándwiches de Subway durante meses y pierde más de 100 kg".

2. Autenticidad. Jared era una persona real y eso se transmitía también en los anuncios, lo que favoreció a la campaña porque se distinguía de todas las demás (súper pulidas y estudiadas, por lo tanto falsas).

3. Visibilidad. Debes encontrar una (o más)

forma(s) de llegar a tu audiencia y dar a conocer tu historia.

4. <u>Relevancia.</u> Debe ser una historia que la gente quiera escuchar. En el caso de Jared, a la gente le encantaba la idea de que se pudiera perder peso comiendo en un fast food. Si hubiera perdido 100 kg comiendo solo zanahorias, probablemente no habría tenido el mismo éxito.

CAPÍTULO 7

El ratón y el conejo

En este capítulo hablaremos del poder de dos marcas: Disney y Playboy. Tienen más en común de lo que piensas y tú también puedes (y debes) aprender algo de su estrategia.

Primero, tanto Walt Disney como Hugh Hefner comenzaron sin dinero, pero lograron construir una marca fuerte y reconocida sin gastar ni un centavo en conciencia de marca. Ambos construyeron sus icónicas marcas a través de las ventas y el marketing de respuesta directa y aprovechando los medios.

Aquí hay algunas lecciones que puedes aprender de ellos:

1. Crea tu propio mundo. Tanto Disney como Playboy crearon un mundo donde nadie necesita crecer. Si el eslogan "El lugar más feliz del mundo" no lo hubiera usado ya Disney, probablemente Hefner lo habría utilizado para la Mansión Playboy. En cambio, usaron un famoso brindis dicho por primera vez por Robert Culp: "¡Sé feliz porque ellos están ahí fuera y nosotros aquí dentro!".

2. Lucha por algo y propaga tu filosofía. Hefner siempre luchó contra la censura, a favor de la

libertad sexual, los derechos civiles y el feminismo. Disney encarnó la figura de un sabio narrador de cuentos, transmitiendo enseñanzas de vida y valores a través de sus películas y dibujos animados, aspirando a un mundo más feliz y evocando nostalgia.

3. Personalidad. Walt fue la cara de Disney desde el principio, junto a Mickey Mouse, promoviendo Disneyland a través de un programa en ABC. Era el principal vendedor y narrador de la compañía. Hugh Hefner comenzó con su propio programa de televisión donde mostraba la buena vida en su cuartel general junto a sus amigos. Recientemente, participó en otro reality con sus novias.

4. Personajes. Walt tiene a Minnie, Mickey, Pluto, Blancanieves, Cenicienta, etc. Hefner tiene las conejitas, las Playmates del mes, sus novias, sus amigos VIP. Cuando Disney compró Marvel, Bob Iger (CEO) dijo: "Nunca puedes tener suficientes personajes". Hefner pensaba lo mismo con sus novias.

5. Lugar. Ambos tienen su equivalente al País de las Maravillas: Disneyland y la Mansión Playboy.

6. Licencias. La primera vez que Disney aceptó ganar dinero con la licencia de su marca, fue durante un período de dificultades económicas y luego nunca dejó de hacerlo. El logo de Playboy es uno de los más utilizados en una variedad infinita de productos.

7. Medios. Después de debutar en ABC, Walt luego compró esa y otras emisoras de TV y radio. Hefner comenzó con su propio canal, hizo reality shows y hasta una película. Todo esto es publicidad, pero al mismo tiempo genera ingresos porque la gente paga por verlos, básicamente pagan para difundir la marca.

Piensa en grande, el esfuerzo es el mismo

Si vas a pensar, mejor hazlo en grande, el esfuerzo es el mismo. Si tienes un pequeño negocio local y crees que estas estrategias no son para ti, recuerda que Walt y Hugh también comenzaron con un pequeño negocio local.

Además, con la tecnología de hoy, es mucho más fácil para un negocio local alcanzar una audiencia mundial.

Incluso si solo quisieras operar a nivel local, puedes aplicar las mismas estrategias, convirtiéndote en una marca dominante en tu sector a nivel local.

CAPÍTULO 8

La polarización

El viejo dicho "para bien o para mal, siempre que se hable de ello" no es del todo cierto. Internet ha cambiado nuestra exposición y la difusión de noticias, para bien y para mal.

El marketing directo y su construcción de caminos obligados (funnels) se vuelve aún más fundamental para convertir todo el tráfico y las visitas (de un sitio web o de un anuncio) en prospectos (clientes potenciales) y luego en clientes que pagan.

El tráfico por sí solo no vale nada, a pesar de lo que digan los charlatanes de la web y los medios sociales, lo único que importa es la conversión del tráfico en ventas.

También es importante entender que ya no existen muros protectores alrededor de tu marca y el impacto de cualquier cosa (incluso dicha por error por un empleado) puede crear un problema mayor de lo que puedas imaginar.

Para proteger tu marca, hay muchas cosas que puedes hacer, incluso escribí un libro al respecto, "No B.S. guide to ruthless management of people and profits".

Es importante que los empleados que interactúan con

el público estén bien capacitados e incentivados para respetar los procedimientos de atención al cliente, gestión de crisis y los guiones de venta que se les asignan. También se pueden usar compradores misteriosos para recompensar a los empleados que siguen las directrices.

Sin duda, esta es la parte que menos les gusta a los empresarios, pero es fundamental para proteger la marca. Cuanto más famosa sea la marca, más importante es.

Aprovechar las controversias a tu favor

En julio de 2012, el presidente de la cadena de comida rápida Chick-fil-A dijo en una entrevista a "The Biblical Reporter" que su empresa apoya "la definición bíblica de la familia".

El alcalde de Chicago les hizo saber que no serían bienvenidos en su ciudad. Los medios de izquierda atacaron a la empresa, tachándola de intolerante y sugiriendo que era un lugar de discriminación para los empleados. Por el contrario, los fanáticos de la marca y muchos grupos religiosos organizaron iniciativas de apoyo. Ese año, la empresa pasó de una facturación de 4 mil millones a 4.6 mil millones de dólares. Esos números no se logran solo con publicidad clásica, gran parte se debe sin duda a la exposición en los medios y el apoyo de la base de fans.

Para ser justos, sus posiciones político-religiosas no eran un misterio para nadie antes del escándalo. Todos sabían que la cadena cierra los domingos y que, antes de cada reunión, los empleados rezan juntos. Era obvio que no podían estar a favor del matrimonio homosexual, pero la noticia dominó periódicos y televisión durante semanas.

En el lado opuesto, la polémica sobre el CEO de Starbucks, que en 2013 apoyó públicamente los matrimonios homosexuales. Esto generó apoyo de accionistas y de la base de fans, mientras causaba protestas y boicots por parte de asociaciones conservadoras. Starbucks también aumentó sus beneficios después de esta maniobra, un buen 15%.

¿Cuál es la moraleja? Conoce bien a tus mejores clientes y sus amigos/enemigos.

La técnica de Trump

Trump ha usado mucho esta técnica: regularmente se enfrenta a alguien que representa la encarnación de ideales opuestos a los suyos, simplemente con el propósito de hacer noticia y difundir sus ideas.

Yo también lo hago. Mis mejores clientes son millonarios, empresarios hechos a sí mismos y he tenido mucho éxito con mis críticas y burlas hacia los siguientes personajes:

1. académicos, teóricos;

2. grandes empresas que hacen cosas estúpidas;

3. agencias publicitarias famosas;

4. empleados perezosos;

5. críticos de izquierda que odian el éxito y

quieren limitar la libertad empresarial;

6. estatistas y asistentes sociales.

Crea un movimiento

He trabajado duro para posicionarme también como líder de un movimiento, no solo como empresario que busca ganar dinero.

De hecho, he liderado una revolución que ha llevado el marketing de respuesta directa a sectores donde nunca había estado antes. He formado a muchas personas que luego se han convertido en referentes en sus sectores: legal, inmobiliario, reparación de automóviles, jardinería, limpieza, restaurantes, cosméticos, medicina, viajes, seguros, etc.

Siempre he defendido al pequeño empresario, la columna vertebral de la economía. El vendedor a menudo mal visto por muchos, que gracias a su tenacidad crea riqueza para todos, contribuyendo con sus impuestos a la creación de hospitales, universidades y pagando los salarios de los empleados públicos.

Si todos ellos se tomaran 30 días de vacaciones juntos, el país colapsaría. Estas personas son héroes porque crean trabajo, arriesgando cada día. A menudo, si son criticados y acusados de ser capitalistas codiciosos, es por algunos de los enemigos que describí antes: estatistas y socialistas que quieren limitar la libertad empresarial.

Todo esto hace que mi marca personal y mi negocio sean más relevantes para mi público objetivo.

Encuentra tu "ola"

Hay muchas olas en la sociedad, algunas vienen y van, otras siempre están presentes.

A nivel nacional puede ser el patriotismo, a nivel local puede ser el equipo de fútbol de la escuela. Está el emprendimiento, la obsesión por la vida de las celebridades, el ambientalismo.

La ola de los reality shows nos ha presentado personajes que de otra manera habrían permanecido desconocidos.

La ola de Playboy, por ejemplo, fue la revolución sexual de los años 60.

Encuentra la tuya.

CAPÍTULO 9

El poder de la paranoia

A nadie le gusta la paranoia, pero ser paranoico puede salvarte de muchas trampas, incluso en el negocio.

Poseer una marca exitosa no proporciona ninguna garantía para el futuro. El cementerio de marcas que alguna vez fueron famosas es muy grande, hay más muertos que vivos en cada sector.

Si creas o adquieres una gran marca, a partir de ese momento, debes dormir siempre con un ojo abierto.

Hay varias razones que llevan a la muerte de una marca, pero principalmente son dos:

- Disminución en la calidad de un producto o servicio, a menudo sazonada con la arrogancia de tener cierta posición ventajosa;

- Aburrimiento y falta de interés en una marca que no logra crear curiosidad o novedades con el tiempo.

Raramente una marca muere por un solo gran problema, es más común que suceda debido a 1000 problemas secundarios que, incluso individualmente pueden parecer irrelevantes, juntos crean una mezcla letal.

Muchas de las marcas que han terminado en el cementerio son aquellas que han olvidado lo que las llevó al éxito: el marketing de respuesta directa. He visto cientos fallar por esta razón.

Es importante recordar que cuanto más grandes sean las empresas/agencias y más personas trabajen en ellas, más premios publicitarios tengan, menos entienden.

Como dijo el gran publicista David Ogilvy: "¡Los únicos que saben lo que están haciendo son los del marketing directo!"

CAPÍTULO 10

El personal branding

Uno de los mejores ejemplos actuales de personal branding es el cantante country Toby Keith, una de las 100 personas más ricas del 2013 según Forbes. En los últimos 5 años, nunca ha ganado menos de 48 millones de dólares al año. Su mercado es más pequeño de lo que piensas: la música country representa menos del 15% del mercado y está concentrada en un área geográfica limitada. Veamos cómo lo logró.

Sinergia

Cada uno de sus conciertos es una publicidad bien ejecutada. Cuando canta su éxito "American ride", llega al escenario con una camioneta Ford (su patrocinador multimillonario). Su bebida favorita es su marca de tequila "Wild Shot". Cuando canta "I love this bar", está citando el nombre de su cadena de restaurantes.

Recuerda que cada cliente tiene más necesidades además de tu servicio, explóralas.

El cliente de una empresa de limpieza, por ejemplo, podría necesitar también un jardinero o un seguro.

Esto no significa que debas ofrecer todo tú, pero puedes establecer asociaciones con otras empresas para intercambiar clientes.

Control

Al principio, cuando aún no era una estrella, Toby Keith decidió reemplazar a su banda con músicos asalariados. Esto, junto con otras decisiones, le permitió tener control total sobre su marca.

Cuando descubrió que la gerencia del restaurante había eliminado el sándwich más popular, para desviarse hacia un estilo más "gourmet", inmediatamente corrigió el rumbo porque no tenía que comprometerse. A medida que la empresa crece, aumenta la necesidad de gerentes profesionales, pero nunca debes perder de vista la personalidad de su fundador, de lo contrario alienarás a tu base de clientes.

Recuerda siempre que cuanto más éxito tengas, más se cuestionarán tus estrategias y tus valores. Parece una contradicción, pero es así.

Siempre cuestiona los consejos de los expertos, si algo no te convence, no lo hagas. Escucha, reflexiona y luego decide tú.

Polarización

Las letras de sus canciones pueden ser muy fuertes. En la canción escrita sobre los hechos del 11 de septiembre, dice: "¡Les meteremos una bota en el trasero, así es como lo hacemos los estadounidenses!". Natalie Maines de Dixie Chicks calificó la canción como "ignorante" y él respondió mostrando una foto gigante en el fondo de sus conciertos, representando una foto falsa de ella y Saddam Hussein.

Yo también uso la polarización.

A pesar de tener muchos seguidores de izquierda entre mis fans, nunca he ocultado mi preferencia por los conservadores. Esto repele a muchas personas, pero atrae a otras tantas.

Prolificidad

Toby Keith, desde 1993 hasta 2000, ha creado un álbum por año, vendiendo en promedio 500.000 copias. El álbum de 1999 vendió 3.1 millones. Si quieres una marca reconocida y amada por una sólida base de clientes, debes ser prolífico. Debes traer constantemente novedades.

Incluso los clientes más leales son constantemente distraídos, así que sé siempre paranoico, ¡te lo recomiendo! Nunca confíes exclusivamente en la lealtad de tus clientes, construye cercas sólidas como suscripciones, pagos automáticos y siempre ofrece incentivos para mantener la relación.

Esfuerzo

Se necesita esfuerzo para construir una gran marca. Cada vez que Toby Keith da un concierto, gana alrededor de 1 millón de dólares. Nada en comparación con todas las otras "fáciles" ganancias que ha establecido para su marca. Sin embargo, sigue trabajando duro haciendo conciertos. Continúa escribiendo canciones, grabando, visitando sus restaurantes; en resumen, trabaja mucho.

La huida del esfuerzo que hemos presenciado en los últimos años, la llamada "felicidad decreciente", ha creado una ilusión dañina para la sociedad y el empresariado.

Sin esfuerzo nunca tendrás una gran marca.

Marketing de respuesta directa

Toby Keith construyó originalmente su marca vendiendo boletos para sus conciertos. Cuantos más boletos vendía, más crecía su marca.

Yo también construí mi negocio de esta manera, viajando mucho y participando en 70-80 eventos al año, además de publicidad en periódicos, correo, etc.

El secreto es no ir a la bancarrota mientras estás ocupado haciéndote rico y famoso. El marketing de respuesta directa te evita terminar así.

CAPÍTULO 11

Perdidos en el espacio

Los empresarios y consumidores de hoy están perdidos en el espacio. Hay miles de canales de Youtube, millones de libros en Amazon, sitios web, correos electrónicos, etc.

Hay tantas opciones que todos estamos confundidos.

Antes de tomar una decisión de compra, rara vez investigamos todas las opciones disponibles, sería imposible.

La marca es un atajo hacia la elección, pero incluso allí a veces hay mucha competencia.

Una solución que siempre propongo es "Ir donde nadie va y hacer cosas que nadie hace". Si tu producto o servicio se presenta o patrocina junto a muchos otros similares y, por lo tanto, puede ser fácilmente comparado, caerás en la carrera de precios a la baja (commodity).

Lo que necesitas son estrategias que te permitan llegar a los clientes potenciales antes de que busquen en Google o Amazon (o en el pasado las Páginas Amarillas).

Si esperas a que alguien te busque, siempre habrá alguien más que te quite el plato de la mesa.

Otra solución es incentivar las referencias, como ya hemos visto anteriormente en este libro.

Depende de ti crear conexiones con tus clientes, atraerlos y guiarlos en el oscuro universo encontrando el camino a través de toda la basura que flota en la web.

Notas

Esta síntesis de "Brand Building by Direct Response" ha sido cuidadosamente curada para difundir los principios del pensamiento de Kennedy en español. Forma parte de la famosa serie de libros "No B.S." (traducible como "No tonterías") creada por Dan Kennedy.

Dan Kennedy es uno de los más influyentes e importantes protagonistas del marketing de respuesta directa y, lamentablemente, sus libros solo están disponibles en inglés.

Aunque esta es una versión extremadamente resumida y sin las imágenes originales, estamos convencidos de que puede servir como trampolín para aquellos que no conocen bien el inglés, pero que desean profundizar y aplicar su pensamiento.

El propósito de este resumen es puramente divulgativo, no pretendemos de ninguna manera reemplazar el libro original de Dan Kennedy (disponible en Amazon a través del código QR).

El equipo de Ediciones Esencia